ນັກປີນລາຍເມກ

ໂດຍ ອັກຈູສັນ ຮາຊຸພິນ
ຮູບໂດຍ ໂຣມູໂລ ຣີສ໌ III

Library For All Ltd.

ອົງການ Library For All ແມ່ນອົງການທີ່ບໍ່ຫວັງຜົນກຳໄລ ທີ່ມີພັນທະກິດທີ່ຈະເຮັດໃຫ້ທຸກຄົນ ສາມາດເຂົ້າເຖິງແຫຼ່ງຄວາມຮູ້ ຜ່ານບະອັດຕະກຳຫ້ອງສະໝຸດດິຈິຕອນ. ເຂົ້າເບິ່ງລາຍລະອຽດເພີ່ມເຕີມທີ່: libraryforall.org

ບັກປິນລາຍເມກ

ພິມຄັ້ງທຳອິດ 2022

ຈັດພິມໂດຍ: ອົງການ Library For All
ອີເມວ: info@libraryforall.org
URL: libraryforall.org

ຮູບແຕ້ມຕົ້ນສະບັບໂດຍ ໂຣມູໂລ ຣີສ III

ບັກປິນລາຍເມກ
ຮັກຈູສັນ ທາຊພິນ
ISBN: 978-9932-14-013-8
SKU02472

ນັກປິ່ນລາຍເມກ

ອາລຸ່ບ ເປັ້ບ ເສື້ອລາຍເມກ.
ອາລຸ່ບ ມີລາຍຄ້າຍຄືກ້ອນເມກສິເທົ້າໆ,
ນ້ຳຕານ ແລະ ດຳ.

ອາລຸ່ນ ມີທາງທີ່ຍາວຫຼາຍ
ເກືອບຍາວເທົ່າກັບຣ່າງກາຍຕົນເອງ.

ທາງອາລຸ່ບ ຊ່ວຍ ອາລຸ່ບ
ຮັກສາສິມຖຸບເວລາປົບງ່າໄມ້ ແລະ
ໂດດລະຫວ່າງຕົ້ນໄມ້.

ເສືອລາຍເມກ ເປັນນັກປີນທີ່ເກັ່ງທີ່ສຸດໃນ
ສັດຕະກູນແມວໃນອາຊີຕາເວັນອອກ.
ອາລຸນ ມັກຢູ່ເທິງຕົ້ນໄມ້ທຼາຍ
ກ່ອນຢູ່ພື້ນດິນ.

ອາລຸ່ນ ມີຂາສັ້ນໆ ແລະ ອຸ້ມຕິນໃຫຍ່ໆ
ເພື່ອຊ່ອຍປີນງ່າຍຂຶ້ນ.
ອາລຸ່ນມັກປີນຕົ້ນໄມ້ ສູງໆ,
ເບິ່ງຕາເວັນຂຶ້ນ ເທິງຍອດຕົ້ນໄມ້.

ອາລຸ່ນຂີ້ດື້.
ອາລຸ່ນມັກແອ່ງປິ່ນຕົ້ນໄມ້ກັບກະຖອກ.

ເສືອລາຍເມກ, ເມື່ອໜຽບຂະໜາດແຂ້ວ
ໃສ່ຮ່າງກາຍ, ແມ່ນມີແຂ້ວທີ່ຍາວທີ່ສຸດ
ໃນສັດຕະກູບແມວ.
ແຂ້ວອາລຸ່ນໃໝ່ໝາຍ.
ແມ່ຈຶ່ງສອນຈັບນົກ, ຈັບໄກ່ປ່າ.

ອາລຸບຍາກເກັ່ງຄືແມ່.
ແມ່ສາມາດລ່າລີງ, ກວາງ ແລະ ໝູປ່າ.

ແມ່ເກັ່ງທູາຍ.
ແມ່ສາມາດປິກປ້ອງອາລຸ່ນຈາກເສືອໄຟ
ແລະ ໝາໄປໄດ້.

ບອກຈາກປິ່ນຕົ້ນໄມ້ເກົ່າ,
ອາລຸ່ບລອຍນ້ຳເກົ່າພ້ອມ.
ອາລຸ່ບ ຮັກຮານໃຊ້ຊິວິດຢູ່ໃນປ່າ.

ຂໍ້ມູນທາງບັນນາບຸກິມຂອງຫໍສະໝຸດແຫ່ງຊາດ

ອັກຈູສັນ ຣາຍພັນ
ນິກປິ່ນລາຍເມກ / ໂດຍ ອັກຈູສັນ ຣາຍພັນ. -- ວຽງຈັນ: ປຶ້ມອ່ານ, 2022
18 ໜ້າ : ພາບປະກອບສີ ; 26 ຊມ
1. ວັນນະກຳສຳລັບເດັກ
I. ຊື່ເລື່ອງ
808.068 -- dc21
ເລກທະບຽນພິມຈຳໜ່າຍ: 054 / ອພຈ07052030
ISBN 978-9932-14-013-8

ເຈົ້າສາມາດໃຊ້ຄຳຖາມດັ່ງລຸ່ມນີ້ເພື່ອ
ສືບທະນາກ່ຽວກັບເລື່ອງທີ່ອ່ານກັບ ຄອບຄົວ,
ໝູ່ ແລະ ຄູອາຈານ.

ເຈົ້າໄດ້ຮຽນຮູ້ຫຍັງຈາກເລື່ອງນີ້?

ຈົ່ງອະທິບາຍເລື່ອງນີ້ ໂດຍໃຊ້ຄຳບັບຍາຍ
1ຄຳ. ຕະຫຼົກ? ຢ້ານ? ມິສິສັນ? ໜ້າສົນໃຈ?

ເມື່ອອ່ານຈົບແລ້ວ,
ເລື່ອງນີ້ໃຫ້ຄວາມຮູ້ສຶກຫຍັງແດ່?

ໃນເລື່ອງນີ້, ເຈົ້າມັກສິ່ງໃດຫຼາຍທີ່ສຸດ?

ກ່ຽວກັບຜູ້ປະກອບສ່ອນ

ອັກຈູສັບ ຮາຍພິນ ເປັນນັກຊີວະວະນຸລັກ ເຊິ່ງເຮັດວຽກ
ກັບອົງກອນຈັດຕັ້ງສາກົນ ເພື່ອການປົກປັກຮັກສາວະນຸລັກສັດປ່າ ໃນລາວ.
ອັກຈູສັບ ມັກຮັກການເດີນປ່າ ແລະ ຕ້ອງການເຜີຍແຜ່ບົດບາດຄວາ
ມສຳຄັນຂອງການປົກປັກຮັກສາລະບົບນິເວດ ໃຫ້ຍືນຍົງ.
ຜ່ານນິທານ, ອັກຈູສັບຕ້ອງການແບ່ງປັນຄວາມມັກຂອງເພິ່ນ ແລະ
ສ່ອງແສງໃຫ້ເຫັນເຖິງຄວາມສຳຄັນຂອງທຳມະຊາດ.

ປຶ້ມທິບນີ້ມ່ອບບໍ?

ພວກເຮົາມີປຶ້ມຫຼາຍຮ້ອຍຫົວໃຫ້ເລືອກອ່ານ.

ພວກເຮົາຮ່ວມມືກັບນັກຂຽນ, ອົງການດ້ານການສຶກສາ, ທີ່ປຶກສາທາງດ້ານວັດທະນະທຳ, ລັດຖະບານ ແລະ ອົງກອນທີ່ບໍ່ຂຶ້ນກັບລັດຖະບານ ເພື່ອນຳຄວາມເພີດເພີນ ໃນການ ອ່ານໃຫ້ກັບເດັກນ້ອຍຫົວທຸກແຫ່ງ.

ຮູ້ບໍ?

ພວກເຮົາສ້າງການປ່ຽນແປງທີ່ດີໃນອົງເຂດນີ້ ໂດຍປະຕິບັດ ເປົ້າໝາຍ ການພັດທະນາແບບຍືນຍົງຂອງສະຫະປະຊາຊາດ.

library for all.org